AF462573

Monseigneur de Conny

ERRATA

Page 14, ligne 13ᵉ, *lisez :* erga te.
Page 19, ligne 1ᵉ, *lisez :* le modèle des prêtres N. S. J.-C.
Page 25, ligne 9ᵉ, *lisez :* remplie pour ses enfants d'une quantité de petits billets.
Page 38, ligne 19ᵉ, *lisez :* parfaite éducation.
Page 39, ligne 16ᵉ, *lisez :* opposé à l'esprit.
Page 44, ligne 4ᵉ, *lisez :* tandis que les autres.
Page 58, ligne 1ᵉ, *lisez :* partie fructueuse.

JEAN FERDINAND GUSTAVE ADRIEN DE CONNY

PIEUX SOUVENIR

DE

Mgr DE CONNY

REGRETTÉ PÈRE DE LA JEUNESSE

DIRECTEUR DE LA MAITRISE DE MOULINS

PAR

UN DE SES ENFANTS

Sinite pueros venire ad me

(Luc. xviii.)

MOULINS & MONTLUÇON

CHEZ TOUS LES LIBRAIRES

1892

A NOTRE VÉNÉRÉ PÈRE ET DIRECTEUR

Monseigneur de Conny

Né le 24 Mai 1817

Décédé dans la paix du Seigneur

Le 24 Décembre 1891

Après trente années du plus admirable dévouement

à la Jeunesse

PIEUX TÉMOIGNAGE

DE FILIAL AMOUR ET DE PROFONDS REGRETS

Approbation de Sa Grandeur Mgr HAUTIN

Evêché d'Evreux, le 14 Novembre 1892.

Monsieur l'abbé,

J'ai lu avec autant d'intérêt que d'édification les pages que votre piété filiale a voulu consacrer à la mémoire de notre Père bien-aimé, Mgr de Conny. En les écrivant, vous n'avez eu d'autre dessein que de rendre un hommage rapide et ému à celui que nous pleurons, et vous n'avez considéré en lui que le Directeur dévoué de la jeunesse cléricale. Aussi bien, est-ce à remplir cette fonction modeste et féconde qu'il a dépensé le meilleur de sa vie, de ses ressources et de son cœur. D'autres achèveront le portrait, et donneront au public, je veux l'espérer avec vous, une Vie complète de ce Prélat distingué qui fut non seulement le Père aimant et sage que nous avons connu, mais encore le docteur, l'écrivain, l'apôtre, l'homme de bien, admiré, honoré, regretté de tous.

Votre petit livre est comme la première pierre du monument que nous attendons. C'est à ce titre que je le salue et le bénis.

Recevez, Monsieur l'abbé, l'assurance de mes bien-dévoués sentiments.

† FRANÇOIS, Evêque d'Evreux.

AUX PERSONNES

Qui ont particulièrement connu

MONSEIGNEUR DE CONNY

A TOUS SES ENFANTS MAITRISIENS

et surtout

A NOS FRÈRES DANS LE SACERDOCE

Veuillez accueillir avec bienveillance ces modestes pages : elles nous rappelleront celui qui nous fut si cher, ce sera leur seul mérite.

Nous envisageons Mgr de Conny comme il a vécu pendant trente ans au milieu des enfants de la Maîtrise, c'est-à-dire comme il a été pour nous : père de notre jeunesse et directeur de nos âmes.

Nous ne pouvons cependant développer son titre de Père *sans parler* de sa charité, *le plus bel apanage de sa paternité, et pour l'étudier comme* Directeur d'âmes, *nous ne pouvons taire son* humilité, *un de ses moyens les plus puissants pour opérer le bien dans les âmes.*

Sa jeunesse si pure, ses années de séminaire si ferventes passées à St-Sulpice en intimité avec de saints personnages comme le vénérable Libermann, le cardinal Pie et Mgr de Ségur ; le séjour qu'il fit à Rome et où il reçut la prêtrise et la palme de docteur ; son apostolat si fécond en plusieurs paroisses de Paris, et les charges importantes qu'il remplit à l'Archevêché ; son arrivée à Moulins avec notre vénérable Évêque, Monseigneur de Dreux-Brézé ; la renommée qu'il se fit dans le monde ecclé-

siastique par sa connaissance approfondie de la liturgie et des usages de l'Église; sa position considérable dans la société ; tout cela sera le programme d'une vie complète. D'autres mieux autorisés que nous entreprendront ce travail d'un si grand intérêt et d'une si grande édification.

CHAPITRE PREMIER

Mgr DE CONNY

FUT UN PÈRE DE LA JEUNESSE

Ero vobis in patrem et vos eritis mihi in filios (II. Cor. VI. 18).

Le bon esprit de famille qu'il établit à la Maîtrise.

La Maîtrise était pour Mgr de Conny une famille. Un père vivant au milieu de ses enfants, heureux de les aimer, de se donner à eux, de leur prodiguer tous ses soins ; des enfants attachés à leur père par les liens de la plus respectueuse affection, unis entr'eux par la plus fraternelle amitié : voilà bien la Maîtrise telle qu'il a su la former.

Ce bon esprit de famille, si différent

du mauvais esprit vulgairement nommé esprit collégien, avait passé de la tête dans tous les membres à un tel degré qu'il n'y a jamais eu à la Maîtrise de surveillants proprement dits. Plusieurs prêtres étaient là comme professeurs, mais ils ne furent jamais surveillants attitrés. Un des plus grands élèves, regardé comme le frère aîné de la famille, était chargé de l'étude principale. C'était encore aux grands que l'on confiait la surveillance des autres études. En général, les plus jeunes étaient sous la garde des aînés, les plus avancés étaient chargés des plus petits; tous se surveillaient mutuellement; tous, regardant les plus grands comme dépositaires de l'autorité, étaient habitués à les respecter et à leur obéir.

Ce système d'éducation, comme on

le voit, pourrait donner prise à de grands inconvénients s'il était mal dirigé et mal appliqué. Mais étant donné ce bon esprit de charité fraternelle que Mgr de Conny avait inspiré à ses enfants, cette méthode a produit des résultats excellents. Tous aimaient tellement leur père commun que, pour lui et en lui, ils se regardaient comme frères. La discipline n'en était pas moins ferme ; seulement ce n'était pas la crainte du maître qui faisait agir, c'était l'affection pour le meilleur des pères. Si quelque enfant venait à s'oublier, il suffisait, pour l'arrêter, qu'un camarade plus âgé lui dit : « Ne sais-tu pas la peine que tu feras à Monseigneur ? »

Jusqu'en 1880 les élèves de la Maîtrise allaient deux fois par jour au collège d'Iseure pour en suivre les cours. Tous les enfants, sous la garde de l'aîné des jeunes gens, marchaient tranquillement en rang depuis Moulins jusqu'au collège. Grand fut tout d'abord l'étonnement des Pères en voyant cette bande d'enfants arriver seuls, sans surveillants. Pour les éprouver, ils les surprirent inopinément à différentes reprises dans le trajet de la Maîtrise à Iseure, et à chaque fois ils trouvèrent toujours l'ordre le plus parfait, la discipline exactement observée. Le bon esprit qui régnait parmi ces enfants valait mieux que tous les surveillants. « Je veux que vous ayez assez de grandeur d'âme pour agir bien par vous-même, sous le regard de Dieu. » Voilà ce que répétait sans cesse à ses enfants Mgr de Conny.

L'amour qu'on lui portait suffisait pour étouffer toutes les rivalités. Nous n'avons jamais connu, entre surveillants et surveillés ces difficultés, ces nombreuses punitions, ces colères, source du mauvais esprit si redoutable dans un établissement et qui détruit l'amour, le respect envers les supérieurs, dessèche le cœur des enfants, ne leur montre dans leurs maîtres que des mercenaires accomplissant un métier.

Il fut un père pour ses enfants.

Mgr de Conny était un père, et ce père avait communiqué à ses enfants son esprit, c'est-à-dire l'esprit de J.-C.; et l'esprit de J.-C. c'est le respect et l'amour des uns pour les autres. Parmi les jeunes gens de la Maîtrise, entrés au Séminaire ou restés dans le monde, on n'en aurait trouvé peut-être pas un qui, ayant vécu sous lui, n'en eût conservé le souvenir du meilleur et du plus estimable des prêtres ; pas un qui, revenant à Moulins, ne fût heureux de l'aller voir, de le regarder comme un bienfaiteur ou un second père.

Dans les compliments qu'on lui adressait, dans les lettres si nombreuses que ses enfants lui écrivaient, son titre même de Monseigneur disparaissait le plus souvent pour faire place à celui de père. N'était-ce pas pour lui le titre le plus cher ? Il se plaisait en particulier à se faire appeler de ce beau nom. Prenant un jour un jeune enfant sur ses genoux, « tu as perdu ton père, lui dit-il en l'embrassant, regarde-moi désormais comme un second père, et moi je t'aimerai comme mon fils. » Avec quel bonheur, chaque dimanche, il s'entourait à dîner de quelques-uns de ses enfants ! heureux, comme dit le prophète, de les voir réunis autour sa table, semblables à de jeunes oliviers. *Beatus es... filii tui sicut novellæ olivarum in circuitu mensæ tuæ* (Ps. CXXVII). Aussi de quelle vénération ce père bien-aimé était-il l'objet ! Avec quel respect ses mains paternelles étaient-elles baisées, dès qu'il apparaissait dans la cour de la Maîtrise !

Heureux prêtre, qui fit du nom de père son plus noble, son plus beau titre ! plus heureux encore les enfants d'un tel père ! ils ont reçu de lui les leçons de la véritable fraternité chrétienne, de cette charité évangélique des uns pour les autres si souvent prêchée par N. S. J.-C. *Dilexi vos. Manete in dilectione mea.* (Joan. XV. 9), fraternité absolument efficace, portant les membres de la même famille à s'aimer et à s'entr'aider pour le bien. *Non diligamus verbo neque lingua, sed opere et veritate* (I. Joan. III. 18).

Comment il voulait que les membres de sa famille, s'aimassent les uns les autres.

Il revenait sans cesse sur cette vertu, cause et raison du grand mystère de notre rédemption. « Je vous aime tous, nous disait-il souvent, aimez-vous les uns les autres comme je vous aime. » Il ne pouvait supporter particulièrement ces esprits railleurs, profitant des moindres fautes de leurs camarades pour les tourner en ridicule. Un enfant avait fait une grosse faute dans sa lecture. Aussitôt un moqueur se met à rire de ce camarade ignorant. Mgr de Conny faisant sortir de sa place le moqueur: « Est-ce là l'esprit de N. S., lui dit-il d'un ton ferme ? Je veux que vous vous aimiez comme des frères parce que je vous regarde comme mes enfants. Pourquoi te moquer de ton frère ? Sais-tu si Dieu ne l'aime pas plus que toi ? » — « Lorsque tu vois des choses chez les autres que tu n'approuves pas, écrivait-il à un enfant, occupe-toi moins de les blâmer que de te mettre en garde contre de pareils défauts. »

Le bon esprit qu'il voulait dans sa maison, nous l'avons dit, était basé sur la charité. Les plus jeunes obéissaient sans difficulté aux aînés ; les grands s'occupaient des petits et les reprenaient sans prétention.

Les membres de sa famille devaient se vouloir du bien, et veiller à ce que l'autorité paternelle fût respectée. Tous se seraient crus coupables si un seul se fût mal conduit ; tous étaient solidaires parce que tous étaient unis par les mêmes sentiments.

Que d'amitiés véritablement chrétiennes ont commencé entre enfants de différents âges, dont l'un était chargé de veiller fraternellement sur un plus jeune camarade ! Que de défauts ont été extirpés grâce à cette charité des jeunes gens les uns pour les autres ! et aussi quel excitant pour les grands qui auraient voulu se relâcher, obligés par leurs fonctions à l'égard des plus petits, de leur donner sans cesse le bon exemple ! « Ma pensée, écrivait Mon-
« seigneur à l'un d'eux, est souvent
« avec toi pour me réjouir du bien que
« Dieu a fait à ton âme, et pour te
« suivre dans tes efforts pour bien
« faire. J'espère que vous vous encou-
« ragez réciproquement toi et B.,

« auquel je te prie de dire combien, de « loin comme de près, j'ai à cœur son « progrès dans la vertu. Soyez en tout « et toujours de bon exemple, surtout « par votre modestie, votre disposition « à céder aux autres et à vous regar- « der comme étant au-dessous de tous. « Avertis B., si tu le voyais manquer « à celà. » Dans une autre lettre il disait : « Sers bien N. S. en prenant « soin des enfants qui te sont confiés. « Je suis fort aise du témoignage que « tu me rends spécialement de N. et « N. Je te les recommande bien tous « les deux et t'envoie des images pour « eux. » Puis dans la crainte que la pensée d'avoir fait du bien aux autres n'enorgueillît ce jeune homme, il ajoutait : « Je suis bien aise aussi de te « voir de plus en plus attiré à te don-

« ner à Dieu dans les sentiments de « ta petitesse, de ta misère et d'une « très humble reconnaissance. Cet « amour humble et reconnaissant est « très agréable à Dieu et apporte à « l'âme une sécurité particulière. »

Il s'intéressait à ses enfants partout et toujours.

Une fois que ce père s'était enfanté des fils dans la charité du Christ, *in Christo Jesu ego vos genui*. (1. Cor. IV. 15), c'était pour la vie. Il les suivait partout avec une sollicitude plus que paternelle, *tanquam si nutrix foveat filios suos*. (1. Thess. II. 7) ; il s'intéressait à tous leurs besoins, prenait part à toutes leurs joies et tristesses. Beaucoup de jeunes gens, après avoir reconnu qu'ils n'avaient pas la vocation ecclésiastique, continuaient cependant dans le monde à le regarder comme un père, à s'adresser à lui pour recevoir ses conseils; lui s'occupait d'eux, leur cherchait quelque position s'ils étaient embarrassés, veillait sur eux, demandait de leurs nouvelles. Il était tout à tous. Sa compassion paternelle lui faisait tout entreprendre ; un bon père croit-il avoir assez fait pour ses enfants ? « Une de mes préoccupa-« tions principales, lorsque je m'ar-« rêtai dans votre ville, écrivait-il à « un prêtre de ses enfants, c'était « mon pauvre N... Je te prie bien de « le voir, car je ne voudrais pas qu'au « milieu de lectures ou de conversa-« tions frivoles, il oubliât les idées « dignes de ses aspirations et de sa « vocation première. Il faudrait, com-« me je le lui ai dit, que cette réclu-« sion lui servît comme une retraite. « Sa santé est sérieusement atteinte :

« Il ſaut le soigner et soigner l'âme
« en même temps que le corps. Rap-
« pelle-lui donc tout cela en le visitant
« de ma part, et avertis-le d'être digne
« de son vénérable oncle. »

Combien il était heureux d'avoir pour ses enſants les sentiments et le cœur d'un père, disons-le encore par cette charmante lettre latine adressée comme souhait de bonne année : « Carissime mi fili, acceptabilis tibi
« sit protestatio sensuum meorum
« ergo te devotissimorum, et pro certo
« habeas me, vertente anno, vota mea
« Deò ardentissime offerre ut anima
« et corpore incolumis, annum MD
« CCCLXXXII feliciter transigas, et
« multis aliis fauste expletis, in senec-
« tute bona sanctis operibus cumu-
« latus ad œternas sedes pervenias. »

Le titre de père résume tout ce qu'a été pour nous cet homme de Dieu. Sa vie toute entière le dit assez, et sa mort aussi. Le jour de ses funérailles, qui a vu arriver de toutes les paroisses du diocèse ceux qu'il avait conduits au sacerdoce, et qui pendant sa vie l'avaient toujours regardé comme leur conseiller, le directeur de leur âme, le juge de leurs affaires ; qui a considéré les anciens maîtrisiens, prêtres, séminaristes et hommes du monde se réunir avec leurs plus jeunes frères de la maîtrise pour ne faire qu'un autour du vénéré défunt ; qui a vu l'attitude de tous autour de ce cercueil, ces larmes, ces adieux ; qui a vu tout cela a compris qu'il ne s'agissait pas de regrets exprimés à un maître ou un supérieur : c'étaient des enfants qui pleuraient et qui pleurent encore leur père. Mais « consolons-nous, le père de ces enfants est mort, et il ne semble pas mort parce qu'il a laissé après lui les héritiers de son ministère. » (Lég. de St-Martin).

CHAPITRE II

SON INÉPUISABLE CHARITÉ

> *Luceat lux vestra coram hominibus ut videant opera vestra bona et glorificent Patrem vestrum.* (Matt. V. 16).

La Charité prouve l'affection : « Dieu a tellement aimé le monde « qu'il lui a donné son propre Fils. » (Joan III. 16). La Charité de Mgr de Conny sera le développement, l'épanouissement de ses sentiments paternels. Elle sera sur terre comme sa couronne de gloire qui rayonnera désormais autour de son nom bien aimé.

Il a donné et il s'est donné.

Que de choses admirables il y aurait à dire sur ses aumônes abondantes à l'égard des pauvres et des malades de Moulins ! Que de traits édifiants, s'il fallait parler du dévouement sans borne avec lequel nos soldats blessés de 1870 furent soignés par lui à Moulins dans ses appartements transformés en hôpital ! Que d'actes de charité ont rempli au dehors l'existence de ce seul homme ! Cela ne rentre pas dans le cadre que nous nous sommes tracé. Continuons ici à étudier notre regretté père dans sa Maîtrise, et non dans ses rapports extérieurs.

Ses charités envers ses enfants.

Chez ce prêtre au cœur si noble, il y avait de remarquable non seulement sa générosité à donner, comme nous l'allons voir, mais son abnégation à se donner, imitant le modèle des prêtres de N. S. J.-C. qui s'est donné entièrement pour les siens. *Dedit semetipsum pro nobis.* (Tit. II. 14). Il a donné sa ſortune, il a donné son temps, sa santé. Quand on le suppliait de se ménager, « il ſaut bien ſaire quelque chose sur terre » se contentait-il de répondre. *Dedit semetipsum*.

Sa vie ſut comme un acte de charité continuel. Que de ſois ne l'a-t-on pas rencontré dans les rues de Moulins, cachant quelque vêtement sous les plis de son manteau, portant quelque bouteille de vin pour ses enfants malades ou pour leurs parents ! Que de ſois ne l'a-t-on pas vu conduire des jeunes gens au médecin ou dans un magasin pour acheter soit un costume soit des chaussures. Le plus souvent (qu'on nous pardonne ces détails), il les aidait à essayer si les souliers allaient bien, au grand ébahissement de l'employé de magasin qui n'en revenait pas de voir ce vénérable vieillard s'abaisser ainsi devant des enfants ! La charité guidait toujours ses pas. Il arrivait si souvent à la Maîtrise chargé d'un paquet de livres ou de vêtements qu'on était comme habitué à le voir se faire le serviteur des autres.

Dieu seul connaît le nombre de jeunes gens vêtus et entretenus par lui ! Dieu seul pourra nous révéler un jour les innombrables charités faites dans le secret par cet homme de bien ! Moins il avait lieu d'être récompensé ici-bas et plus il aimait à donner. Moins un enfant se trouvait favorisé des avantages corporels, et plus il se plaisait à respecter en lui le titre de chrétien et à lui prodiguer ses soins les plus affectueux. « Il y a bien souvent « un charme naturel chez les enfants, « a-t-il écrit, et lorsqu'on en trouve « qui n'ont extérieurement rien d'at- « trayant, on est plus sûr de n'agir « qu'en vue de Dieu. »

Son bonheur de pouvoir donner.

Un jeune homme avait reçu de lui un habillement, et voulait lui en exprimer toute sa reconnaissance : « Mon « cher ami, répondit le bienfaiteur à « celui-ci tout étonné, c'est à moi à te « remercier de me permettre de te « faire du bien ; toute la satisfaction « en est pour moi. — Je te prie, écrit- « il à un autre, d'accepter ce vête- « ment. J'aurai bien du plaisir à te « l'offrir. » Voilà un grand cœur, qui savait honorer, ennoblir la pauvreté, lui enlever ce qu'elle a de honteux et de pénible, et qui puisait dans ses largesses la source d'un bonheur incomparable ! « Celui qui est bon à l'image « de Dieu, met sa complaisance à « causer le bien d'êtres raisonnables. « Il jouit de ce qu'il leur donne et « prend pour sa satisfaction à lui-même « l'avantage qu'il y trouve. » (*Le travail, sa dignité et ses droits, par Mgr de Conny, pag. 48*). On voit que l'auteur de ces lignes a éprouvé cette jouissance de donner. *Beatius est magis dare quam accipere*. (Act. XX. 35). Dans ses lectures spirituelles, ne nous-a-t-il pas dit bien des fois que le plus grand bonheur de ceux qui possèdent doit être de savoir donner à ceux qui n'ont pas ! Heureux de faire des heureux, telle était sa maxime favorite.

Beaucoup, il est vrai, ont dû abuser

de la bonté de cette grande âme. Qu'est-ce que cela prouve ? où sont les bienfaiteurs qui n'ont jamais été trompés ? Nous-mêmes, si parfaits que nous soyons, n'abusons-nous pas tous les jours de l'infinie miséricorde de Dieu? Ces déceptions ne rentrent-elles pas au budget des prévisions pour tous les hommes de bien ? Dieu permet que l'ingratitude soit le retour ordinaire de la charité. Un bienfaiteur qui recevrait sur terre la récompense de toute sa peine aurait un bonheur vraiment trop grand, N. S. n'en a jamais eu autant. « Je veux être un père pour vous, disait notre regretté bienfaiteur ; si vous n'êtes pas de véritables enfants pour moi, vous seuls en souffrirez. »

Une chose l'inquiétait parfois, c'était la crainte de perdre la vue et d'être obligé de cesser ses occupations et ses charités journalières, la grande joie de sa vie. « Ce que j'aurais toujours le « plus redouté, écrivait-il en 1887, « c'est l'inoccupation et je suis bien « heureux de ce que Dieu m'en pré- « serve... Mes yeux ne dépérissent pas « sensiblement, j'espère qu'ils ne se « fermeront pas avant le grand mo- « ment de leur clôture absolue. » Dieu l'a exaucé et lui a permis de faire le bien jusqu'à son dernier jour.

C'est pour conserver ses yeux et se conserver à nous que chaque année il allait passer ses vacances au bord de la mer, et il en est toujours revenu la vue considérablement fortifiée.

Comment il fut amené à se donner à ses enfants même pendant les vacances.

Mais encore là va apparaître sa passion du bien et son dévouement à la jeunesse. Habitué à vivre continuellement au milieu de ses enfants, au loin il pensait sans cesse à eux, au besoin de leurs corps et surtout au besoin de leurs âmes. Le bord de la mer lui était nécessaire, mais il n'était pas avec ses jeunes gens. Sans doute il leur écrivait, et c'était une véritable joie quand une lettre arrivait de lui remplie de petits billets. En son absence, il chargeait même quelqu'un de faire ses aumônes ; mais ce n'était pas lui, et lui était tout à la Maîtrise.

Il usa alors d'un moyen qui lui permit de tout concilier. En 1869 il avait fait bâtir aux pieds des Pyrénées, sur la côte la mieux exposée de la baie de St-Jean-de-Luz, une charmante villa basque, justement admirée par tous les visiteurs.

Ceux qui ont eu la joie d'y passer

leurs vacances en conserveront toujours le plus délicieux souvenir. Il prit l'habitude d'y recevoir régulièrement chaque année un certain nombre de prêtres, de grands séminaristes et de jeunes gens. Là, il était heureux de vivre comme à Moulins, entouré de sa famille spirituelle. Pour dire sa joie de voir arriver ses enfants au bord de la mer, son bonheur de se trouver comme un père au milieu des siens, il faut l'avoir vu allant les chercher lui-même à la gare, leur faisant admirer l'immensité de l'océan, la beauté des montagnes, les conduisant chacun dans leur chambre, les entourant pendant plusieurs semaines des soins les plus affectueux.

Peu de vacances ont été si délicieusement passées que là. Il y avait non seulement le site ravissant de son habitation, d'un côté baignée par la mer, de l'autre donnant sur les Pyrénées une vue splendide ; il y avait surtout l'agrément pour des jeunes gens de se trouver plusieurs ensemble, ce qui doublait et quadruplait le plaisir des vacances. « Dans 15 jours, écrivait-il « à plusieurs, vous serez donc établis « ici, à votre grande joie sans doute, « et à la mienne également. Voici la « mer qui se prépare à vous fortifier « et à ne nous laisser de vos fatigues « et de vos maladies qu'un souvenir, « pour que nous remerciions Dieu » d'avoir tiré le bien du mal. »

Grâce à l'air et aux bains fortifiants de la mer, combien de santés délabrées ont été reconstituées, combien de poitrines faibles fortifiées ! combien de vies peut-être ont été sauvées ! et surtout, comme nous le dirons au chapitre suivant, grâce aux soins plus particuliers donnés à l'âme de ces enfants, combien de vocations ont été sauvegardées des dangers du monde, affermies dans le bien !

Son austérité pour lui-même.

Ce qu'il y avait d'admirable en cet homme apostolique dont le bonheur consistait à faire des heureux, c'était de voir combien peu il se donnait à lui-même et quelle vie austère il menait en son particulier. De quoi ne s'est-il pas privé ? Ceux qui ont été témoins de son austérité diront sans difficulté : *propter nos egenus factus est* (II. Cor. VIII. 9), il a vécu dans la gêne pour nous, il s'est fait pauvre afin d'enrichir les autres. On l'a très bien dit : afin de donner davantage aux nécessiteux, il n'a voulu avoir ni chevaux, ni voitures ; il faisait toutes ses courses à pied, voyageait très rarement, par nécessité et jamais par agrément.

Il fit toujours ses affaires par lui-même, prenant seulement de temps en temps un de ses jeunes gens pour lui écrire quelques lettres ou lui faire une lecture. La nécessité absolue, c'est-à-dire le mauvais état de ses yeux seul l'obligea, les six dernières années de sa vie, à prendre quelqu'un qui lui fut spécialement attaché comme secrétaire. Si nous pouvions entrer dans plus de détails encore, que de choses édifiantes il y aurait à dire sur cet esprit d'austérité ! Que de vêtements usés n'a-t-il pas portés ! combien d'agréments ne s'est-il pas refusés ! Ste Thérèse regrettait « de n'avoir pas eu l'honneur de naître pauvre » ; notre regretté père cherchait à avoir tous les avantages, tous les honneurs de la pauvreté : il vivait comme un indigent au milieu des richesses.

Il donnait et il se donnait. La charité, bien qu'inséparable de ses autres vertus, sera cependant comme le résumé de cette belle vie ; elle restera comme le plus noble fleuron, comme la perle la plus précieuse qui brillera autour de sa couronne terrestre.

Il a mérité le titre de Père des pauvres.

Ses relations nombreuses dans la société, ses avantages de fortune et de famille lui permettaient de vivre bien différemment, avec l'éclat et les honneurs dus à son rang ; la distinction de sa personne, ses qualités intellectuelles, la faveur dont il jouissait à la Cour de Rome et dans le clergé de France par la renommée surtout de ses ouvrages liturgiques ; tout cela lui aurait fourni plus d'une occasion d'arriver à de plus hautes dignités ecclésiastiques. La voie lui semblait ouverte s'il en eût été désireux, on l'avait même sollicité dans ce sens. Mais il a toujours repoussé l'idée des gloires d'ici-bas, afin de mieux appartenir à la jeunesse et de se donner plus entièrement aux œuvres de charité. Dieu glorifie les humbles. En se livrant au bien comme il l'a fait, il s'est entouré d'une auréole bien préférable à toutes les gloires de la terre. Sa charité lui a mérité non seulement de la part des enfants de la Maîtrise, mais de la part des habitants de Moulins le nom vénérable de *Père des pauvres* : titre glorieux de noblesse, le seul qu'il ait ambitionné et qui lui restera dans sa ville natale comme une des plus saintes récompenses.

Qu'il est beau de quitter la terre comme l'a quittée cet estimable prêtre, escorté par une foule innombrable de prêtres et de laïques, de pauvres et de riches, de personnes de toute condition ! qu'il est consolant pour une famille de posséder ce nom deux fois ennobli, dont la mémoire restera toujours bien chère et bien vivante dans le cœur des pauvres de Moulins et de tous les enfants de la Maîtrise !

CHAPITRE III

SES QUALITÉS DE DIRECTEUR D'AMES

Filioli mei, quos iterum parturio donec formetur Christus in vobis. (Gal. IV. 19).

La bonté si paternelle de Mgr de Conny fut admirable. Ses actes de charité, accomplis avec tant de générosité et en aussi grand nombre, formeront donc, dès ici-bas, les beaux joyaux de sa couronne terrestre.

Importance de sa direction.

Ses qualités de directeur lui auront valu pour le Ciel une auréole de gloire et de mérites plus brillante encore, car elles ont une importance bien autrement grande puisque tant de prêtres, de séminaristes et de jeunes gens doivent à ses soins le développement ou la conservation de leur vocation sacerdotale. Ses charités finissent avec lui, les effets de sa direction se continuent après sa mort. Les bons grains qu'il a semés dans les âmes avec tant d'abondance et de peine produiront des fruits incalculables : dans le cœur des futurs prêtres surtout ce seront de nombreux grains de senevé, destinés à devenir de grands arbres et capables à leur tour d'abriter et de sauver d'autres âmes. Au jour seul de la moisson céleste nous connaîtrons tout le bien qu'a fait ce directeur des consciences.

Nous avons parlé de vocations : n'est-ce point en effet pour la culture des vocations ecclésiastiques qu'il a si généreusement travaillé et s'est toujours dévoué ? S'il s'est livré à tant de charités envers les enfants, n'est-ce point par amour de leurs vocations ? La Maîtrise n'était-elle pas son œuvre de prédilection à laquelle il se consacrait uniquement pour former ses jeunes gens aux vertus ecclésiastiques, pour donner des prêtres à Dieu ?

Les fruits de sa direction.

Il était connu comme Protonotaire apostolique, doyen du Chapitre de la Cathédrale de Moulins, consulteur de la Congrégation des rites. Ces titres énumèrent les dignités ecclésiastiques de ce prêtre éminent et prouvent sa valeur dans le clergé; ses ouvrages témoignent de sa grande compétence dans la liturgie, et de sa profonde connaissance des sciences sacrées. Il y en aurait assez pour remplir glorieusement la vie d'un seul homme. Tout cela cependant n'est rien à côté de son œuvre capitale, de son œuvre de tous les jours, à laquelle il a travaillé sans relâche : l'œuvre de la Maîtrise, l'œuvre des vocations.

Son titre de Directeur de la Maîtrise, c'est-à-dire de directeur d'âmes, le plus humble, le plus oublié, le moins connu de tous ses titres est certainement celui qui lui a donné le plus de souci, le plus de travail, celui qui a produit le plus de fruits et sera devant Dieu son titre le plus glorieux. Nous avons dit de quelle auréole la charité avait entouré son nom ici-bas ; mais les principales perles de sa couronne ne seront visibles qu'au séjour céleste.

Sa méthode pour diriger les jeunes gens.

Comment dirigeait-il ses jeunes gens ? Au point de vue intellectuel, au point de vue des études, il regardait la science toute seule comme dangereuse, *scientia inflat* (I. Cor. XVIII. 1). « Hélas ! mes bons amis, nous dit-il un jour, ce serait un malheur pour vous de n'être que savants ! J'ai vu des bacheliers, avec toute leur science, me demander du pain. » Il voulait, avec la science et les connaissances humaines, la bonne direction des facultés intellectuelles et morales, le développement des sentiments élevés, la formation du jugement et par-dessus tout la formation du cœur, en un mot l'éducation avant tout, l'instruction ensuite ; non pas qu'il attachât peu d'importance à l'instruction, mais il la subordonnait à l'éducation. « Une des plus graves er-

« reurs de notre temps, » dit très bien un Père de la jeunesse, M. Timon-David le digne continuateur à Marseille de l'esprit du vénérable M. Allemand, « fait consister toute l'édu-« cation en une seule chose : *l'Instruc-« tion*. Les parents et les patrons n'en « demandent pas plus, c'est l'erreur « capitale de l'Université, erreur fa-« tale, car elle a conscience qu'elle ne « peut donner davantage. L'Église « seule sait joindre l'éducation à l'ins-« truction ; ou, pour parler plus exac-« tement, l'éducation renferme l'ins-« truction, qui n'en est qu'une partie, « tandis que l'instruction seule n'est « pas du tout l'éducation. » *(Méth. de dir. des Œuvres de Jeunesse)*.

Cette nécessité d'une parfaite édu-tion : la direction de l'intelligence dans le bien, l'assouplissement de la volonté et la formation du cœur sont des choses bien plus à considérer encore s'il s'agit d'une maison cléricale dont le but est la vertu, l'acquisition de l'esprit ecclésiastique et la culture des vocations.

Mgr de Conny mettait tout cela en pratique mieux que nous ne saurions le dire. Donner à ses enfants un grand respect d'eux-mêmes, un grand amour de leur sainte vocation; les former à lutter contre leurs passions, à pratiquer les vertus chrétiennes; leur inculquer le véritable esprit sacerdotal, absolument opposé à l'esprit du monde : voilà bien ce qu'il a toujours poursuivi. Il n'a jamais varié sur ce système d'éducation foncièrement ecclésiastique. Aussi est-il arrivé à produire cet excellent esprit de ſamille dont nous avons parlé. Ses enfants étaient habitués à se conduire par des principes chrétiens, par estime de leur devoir. Pendant les récréations, les portes d'entrée de la Maîtrise étaient constamment ouvertes sur la rue et il aurait été ſacile de s'échapper sans être vu. Personne cependant n'avait idée de sortir avant d'avoir demandé la permission. « Vous devez être prêtres, répétait sans cesse notre bien-aimé père, vous devez vous conduire comme de futurs prêtres. Si quelqu'un veut être un gamin, sa place n'est pas ici. »

Sans doute il y avait quelqueſois des déſections; N. S. n'en a-t-il pas eu même parmi les apôtres choisis par Lui ? Il y en a partout. Le dur métier de père de la jeunesse avait appris à

Mgr de Conny à prévoir ces défections. Trop heureux serait-on d'être récompensé ici-bas de tous ses sacrifices ! Ce qu'il faut regarder, c'est le bon esprit de J.-C. qu'il a su conserver toute sa vie dans sa maison, c'est cette direction constamment donnée à ses jeunes gens en vue de leur vocation et de leur formation aux vertus sacerdotales. Il a toujours voulu que la Maîtrise fût une maison uniquement cléricale, préparant les enfants au grand séminaire, et de fait, la majeure partie de ses jeunes gens s'est toujours destinée à la prêtrise.

Moyens qu'il emploγait pour bien diriger.

Pour façonner ainsi les âmes, pour établir ce bon esprit, de quels moyens particuliers s'est-il servi ? des moyens surnaturels, les seuls efficaces, les seuls capables de produire des fruits durables parce qu'eux seuls ont reçu la grâce et la bénédiction de N. S. Arrêtons-nous à quelques-uns de ces moyens.

1° La confession et la direction. Le plus grand, pour lui, était la confession fréquente de tous les huit jours, de tous les quinze jours au plus. En cela il marchait sur les traces de tous les directeurs de jeunesse : « Une « expérience de 35 ans consacrés à « la direction de la jeunesse m'a appris qu'un grand nombre de jeunes « gens n'auraient pas persévéré sans « la confession de tous les huit jours. » « — Sauf quelques rares exceptions, la « confession de tous les huit jours est « quasi nécessaire pour un jeune garçon qui veut demeurer chaste et « obéissant ». Ainsi parlent M. Allemand et Mgr de Ségur, ainsi pensait Mgr de Conny.

Nous avons toujours vu les trois quarts de ses enfants se confesser tous les huit jours; et si le bon esprit a toujours régné parmi eux, s'ils ne sentaient pas la nécessité d'être surveillés, il faut en chercher la cause dans cette fréquentation du sacrement de Pénitence : « Je préfère un plus grand nombre de confessions, disait le P. Timon-David, et moins de surveillants ».

Expliquons-nous. En donnant la confession comme un des plus grands moyens pour faire avancer un jeune homme dans la pratique des vertus, Mgr de Conny n'entendait pas le sacrement de Pénitence seul en tant qu'absolution des péchés, mais le sacrement accompagné de la direction.

Tous les confesseurs absolvent les

péchés de la même manière, tous cependant n'opèrent pas le même bien. Pourquoi ? parce que les uns dirigent les âmes en les absolvant, tandis les autres ne s'arrêtent qu'au pardon des péchés. L'absolution de St-François de Sales, du vénérable curé d'Ars, de M. Allemand ne valait pas mieux que toutes les autres absolutions ; pourtant, comment faisaient-ils tant de bien au tribunal de la Pénitence ? par le moyen de la direction. La direction comme complément souvent nécessaire de la confession, tel est le grand moyen dont s'est servi Mgr de Conny pour calmer les passions, déraciner des âmes les vices et y implanter les vertus. Donner une absolution n'est pas long ni difficile ; diriger une âme, surtout un enfant est une tâche longue et ingrate, mais elle produit des ſruits certains, des chrétiens solides.

Chaque soir Mgr de Conny arrivait à la Maîtrise pour s'enſermer dans son cabinet pendant plusieurs heures et y recevoir ses jeunes gens. Dieu seul connaît le bien opéré par lui pendant 30 ans dans ses tête-à-tête où il joignait tant de bonté à tant de prudence, tant de science à tant de sagesse. Il s'est livré pendant sa vie à des travaux de grande érudition, s'est trouvé mêlé à des événements bien importants aux yeux des hommes, ses charités et ses bienfaits lui ont valu des éloges bien flatteurs et bien mérités ; mais, devant Dieu, rien de tout cela n'est comparable au travail caché, laborieux, inconnu que ce prêtre a ſait à l'égard des âmes de ses enfants : travail d'autant plus fructueux qu'il était plus pénible, d'autant plus admirable qu'il fallait être à la peine chaque jour, se sacrifier continuellement.

Grand bien qu'il fit par ce moyen.

Grâce à l'esprit de Dieu dont il était animé, ce père de la jeunesse jouissait d'un tact admirable pour opérer le bien dans les âmes. Cela tenait surtout à ce que, avec son profond jugement, il ne s'arrêtait pas à des faits particuliers et isolés : il allait au fond des choses, étudiait chaque caractère avec ses inclinations bonnes et mauvaises, analysait les différentes phases des penchants, cherchait la cause d'une faute, remontait à la source du mal, aux défauts ; puis il donnait à chacun des conseils propres à son tempérament et à l'état de son âme, *cuique suum*. « Il « y a un élément de présomption

« dans ton caractère, disait-il à un « jeune homme, contiens-le et ne te « hasarde en aucune démarche qu'avec « beaucoup de circonspection. »

« L'avidité des lectures, écrivait-il « à un autre, tout comme l'avidité des « pratiques pieuses n'est pas bonne. « C'est comme dans un repas où beau- « coup de plats sont sur la table, le « fait de quelqu'un qui, pensant que « tout cela est bon, voudrait toucher à « tout et prendre un peu de tout. « Mieux vaut choisir deux ou trois « bons aliments bien en rapport avec « notre estomac et s'en tenir à ceux- « là. Suis cette règle pour tes lectures « et tes pratiques de piété. Fais non pas « tant que bien. Mieux vaut approfon- « dir un bon auteur et s'en pénétrer « que de courir à plusieurs pour voir

« comment ils ont retourné la même « idée. »

Il jugeait un caractère à fond : « Voilà « un garçon dont il est intéressant de « s'occuper parce qu'il a assez d'intel- « ligence pour reconnaître ses défauts « et assez de bon sens pour compren- « dre qu'il faut s'en corriger. Il est « capable de devenir vertueux par « raison, lors même que ce ne serait « pas par attrait naturel. »

Son profond jugement et sa sagesse dans la conduite des âmes.

Avec quelle adresse et quelle bonté il savait humilier un orgueilleux sans le décourager, l'abaisser sans le briser ! Il écrivait à un enfant : « Tes lettres « me font vraiment plaisir ; elles ont « une petite allure de confiance et « d'ouverture dont j'augure bien pour « nos rapports ultérieurs. Il est vrai « que je n'ai pas toujours été bien

« content de toi : cette année-ci tu
« avais notamment des habitudes de
« gaminerie, puis d'obstination en
« étude qui me peinaient. Le déve-
« loppement de la raison avec le pro-
« grès des années amènera, j'espère,
« l'amélioration de ta conduite. Mais
« il est certain que si après avoir sous
« ce rapport pris de bonnes résolu-
« tions, tu te mettais sur un pied de
« confiance véritable avec ceux qui te
« dirigent, tu profiterais beaucoup
« plus. Rien n'est bon à un jeune
« homme comme cette habitude de
« venir à ceux qui sont chargés de lui,
« non pas pour s'excuser ou se faire
« valoir, mais simplement tel qu'on
« est, pour s'encourager à se corriger
« peu à peu de ses défauts. J'espère
« que tu y arriveras. »

« Prends bien garde, à mesure que « tu deviens plus grand, à ne donner « jamais que de bons exemples à « ceux qui sont plus jeunes, et évite « avec un très grand soin les mauvai- « ses compagnies. Recherche au con- « traire ceux dont les bonnes qualités « méritent de l'estime et animez-vous « ainsi à bien faire. — Remercie Dieu « sans cesse du bien qu'il a fait à ton « âme, disait-il au même dans une « autre lettre, et que le contraste de « ton indignité avec sa miséricorde « excite encore davantage ta joie et « ton désir d'être très humblement et « très constamment fidèle. »

« Il faut aussi viser à ce que ton « âme ne soit pas trop remuante dans « son action vis-à-vis de Dieu : *Sis hu- « milis et pacificus et erit tecum Jesus...*

« *si fueris devotus et quietus permanebit* « *tecum Jésus. Quietus* c'est l'opposé « de *inquietus*. Le désir de produire « des séries d'actes et de passer de « l'un à l'autre est chose dont il ſaut « se défier. Dieu est simple, un, per- « manent en son acte unique, comme « tu le verras dans les enseigne- « ments de St-Thomas et comme « St-François de Sales l'explique « quelque part avec une lucidité par- « faite dans son Traité de l'amour de « Dieu : c'est à ce type qu'il ſaut « regarder ». Il écrivait encore à un de ses enſants : « Je pense que tu « as déjà vu et que tu verras encore « pendant ces vacances ton petit cou- « sin. J'ai pu constater encore mieux, « pendant cette année, que ses dispo- « sitions intellectuelles sont excel-

« lentes, que sous le rapport du carac-
« tère il a besoin d'être surveillé et
« ſormé, mais que, pour cela même, il
« a une véritable bonne volonté. Enfin,
« pendant que tu le verras, inculque-
« lui bien les dispositions de bien-
« veillance et d'humilité de ſaçon à
« exclure de son âme tout ce qui pour-
« rait tourner à l'aigreur, à l'exigence,
« à l'indisposition. Qu'il prenne bien
« devant Dieu le sentiment du peu
« qu'il vaut, de l'indulgence dont on
« ſait preuve quand on le traite avec
« faveur et quand on le traite moins
« bien. Qu'il sache se résigner gaî-
« ment à ce qui lui déplairait en
« pensant bien sincèrement qu'il n'en
« mérite pas davantage. Le jour où
« il en sera arrivé là, nous aurons en
« lui un bon et pieux garçon, aimé de

« Dieu et des hommes, et qui sera « dans le vrai chemin du bonheur « même pour la vie présente ».

« Plus je vais, plus je comprends « que bienheureux sont ceux qui, « ayant déposé toute prétention et « toute préoccupation de l'opinion des « autres, ſont leur chemin en simpli- « cité. Je ſélicite ceux qui finissent « par comprendre cela, mais je ſélicite « surtout ceux qui arrivent à le savoir « dès les premières années de leur « vie ».

Son cœur plein de tendresse savait avec le même succès consoler et rassu- rer les timides, éclairer et guider les scrupuleux : « Tâche de donner de « l'aisance à ton âme, et de servir « Dieu en paix et en joie. La con- « trainte et le scrupule ne servent à

« rien et font injure à Dieu. *Sentite de* « *Domino in bonitate.*

« Je suis sûr que si tu étais le bon « Dieu, tu accueillerais avec bien- « veillance ceux qui auraient envie de « bien te servir et tu ne les torture- « rais pas sous tous les prétextes que « des principes réflexes peuvent four- « nir. Sois donc persuadé que le bon « Dieu n'est pas plus chicanier à « l'égard du pauvre N... lequel a, j'en « suis certain, bonne envie de le servir.

« Tâche d'être bien humble, mais « en même temps bien simple, bien « gai et tout ira à merveille ». Il écrivait aussi à une âme tourmentée : « Ne t'effraie pas de ces troubles. Je « sais que tu es à Dieu et que tu ne « voudrais pas le trahir, toi à qui « il a si généreusement pardonné tes

« bassesses passées et qui es si heu-
« reux d'être redevenu son enfant
« et son ami fidèle. Oppose donc à
« ces tentations un mépris décidé :
« non ! je suis à Dieu et j'aime mieux
« sa grâce que les jouissances viles
« et dégradantes que j'ai rejetées à
« tout jamais ! » Après cela, cher
« enfant, occupe-toi à autre chose et
« sois tranquille quand même le dé-
« mon ferait grand bruit à la porte
« de ton cœur : ce bruit est en dehors,
« c'est celui d'ennemis qui voudraient
« pénétrer et auxquels la porte est
« bien close. La tienne est gardée
« par la Ste-Vierge et ton ange gar-
« dien, et toi tu ne veux pas livrer
« la clef.

« Voici une petite image que tu
« colleras où tu voudras, sur un papier

« ou sur la garde d'un livre : c'est « Notre-Seigneur tenant dans sa main « et serrant contre son cœur une petite « colombe, image de l'âme qui s'est « donnée à lui. Adieu, très cher en- « fant... Aie confiance en Dieu qui, « après avoir usé de tant de miséri- « corde pour toi, ne t'abandonnera « pas, si tu ne te livres pas toi-même « à l'esprit du mal. »

Pour apprécier les conseils d'un si sage directeur il faudrait pouvoir dire combien de cœurs ont été par lui arrachés aux filets du démon et remis dans le bon chemin, combien d'esprits faibles et inquiets ont été fortifiés et rassurés, combien de caractères orgueilleux ont été matés, abaissés au niveau de l'humilité chrétienne ! ce serait l'histoire de toute sa vie, car toute sa vie, on peut le dire, s'est passée à diriger des enfants. Partout on le voit attiré vers le ministère de la jeunesse. A Paris comme à Moulins il a vécu au milieu des enfants, cherchant particulièrement à donner des prêtres à Notre-Seigneur. Une des vocations qu'il dirigeait dans la capitale a donné un évêque à l'Eglise, Monseigneur Hautin, évêque d'Evreux.

Il y aurait des choses bien belles à dire sur ces premières années de son ministère sacerdotal, sur le bien qu'il fit dans tant d'Œuvres de jeunesse et d'associations ouvrières, sur l'éclat jeté dans le clergé de Paris par la communauté de la rue Cassette, dont faisaient partie avec lui Nos Seigneurs de Ségur, Gay, Girardin et Mr Gibert. D'autres raconteront mieux que nous cette partie fructeuse de son apostolat.

Sa vie, continuellement passée au milieu des enfants, lui avait donné depuis longtemps l'idée de publier *Le Jardinage des âmes*. Dans cet opuscule il voulait, disait-il, par des analogies tirées de la culture des plantes, développer la culture spirituelle des âmes, indiquer dans l'ordre surnaturel les différentes phases de la divine semence plantée dans le cœur du chrétien ; montrer les soins continuels à donner aux plantes délicates des vertus chrétiennes à mesure qu'elles grandissent, les diverses maladies qui peu-les arrêter, leurs causes, leurs remèdes ; faire admirer enfin l'épanouissement complet d'une âme vertueuse, et, comme couronnement, Dieu habitant en cette âme, y opérant des fruits sublimes de sanctification. N'était-ce pas là un beau thème pour un père de la jeunesse ! Le mauvais état de ses yeux, ses nombreuses occupations, et sa vie si mouvementée ne lui permirent pas de mettre à exécution ce travail qui aurait été d'un si grand profit pour les jeunes gens. Dieu daigne donner à quelque directeur expérimenté l'idée et la grâce de le réaliser !

Le jardinier est obligé de veiller sans cesse sur ses plantes afin de donner à chacune ce qui lui convient de chaleur et d'humidité. Le jardinier des âmes, pour soutenir toujours au niveau de la ferveur le cœur des enfants surtout, doit avoir bien plus de vigilance encore : car il s'agit de plantes bien plus délicates, bien plus difficiles à soigner.

Que de peines a coûtées à Mgr de Conny cette direction journalière des âmes ! à l'un il fallait quelque livre de piété solide afin de calmer sa fougueuse imagination et de fixer son attention sur les vérités sérieuses de la religion. Un autre était un esprit lourd, peu développé : il fallait l'exciter et le frapper par des lectures émouvantes et imagées. Un troisième possédait un caractère naturellement bon et pieux : il avait à le pousser au degré de vertu que Dieu demandait de lui. « Dieu t'a « beaucoup donné, disait-il à quel- « qu'un, il te demandera beaucoup plus « qu'à tes autres frères. »

Combien n'a-t-il pas donné de *Nouveaux Testaments*, d'*Imitations de J.-C.*, de *Combats spirituels*, d'*Introductions à la vie dévote*, et tant d'autres livres de la plus solide piété ?

2° La lecture méditée.

Ces lectures étaient un moyen de plus pour produire de bons fruits dans les âmes, et voici comment : il faisait prendre l'habitude de lire chaque matin une page de spiritualité, de s'arrêter dans cette lecture, et de se nourrir des pensées salutaires qui avaient frappé. Les enfants, prenant ainsi l'habitude de lire en réfléchissant et de réfléchir en lisant, se préparaient pour plus tard à la pratique sérieuse de l'oraison. *Desolatione desolata est terra quia nullus est qui recogitet corde*. (Jér. XII). Ceci est vrai surtout pour la jeunesse qui se perd le plus souvent par l'irréflexion. Emporté par l'effervescence et le développement de la vie, sans expérience, l'enfant se lance au hasard, se jette n'importe où. De là tant de chutes qui viennent renverser des apparences de vertu. Obtenir d'un jeune homme qu'il réfléchisse, qu'il pèse selon son âge et sa portée les inconvénients du vice, les avantages de la vertu ; produire sur son esprit léger et inconstant des impressions religieuses et durables : voilà ce que Mgr de Conny essayait d'obtenir de ses enfants. « Sois fidèle à ta petite lecture « du matin, disait-il à un jeune homme, « après laquelle tu feras un moment « de réflexion et tu retiendras quelque « bonne pensée pour nourrir ton âme « pendant le reste de la journée. »

Après l'expulsion des Pères d'Iseure, la Maîtrise devant se suffire à elle-même, il établit la méditation de chaque matin à la chapelle comme l'exercice de piété le plus important de la journée. Lui-même faisait à 5 heures et quart dans sa chapelle cette méditation aux plus grands de ses jeunes gens. Le jour de sa mort, il s'y était rendu comme d'habitude, malgré les premières atteintes de la crise qui devait l'emporter.

3° La Sainte Communion

Le couronnement de la confession fréquente, le résultat d'habitudes si chrétiennes et d'une direction si sûre devait être la communion fréquente. De fait, à la Maîtrise nous avons toujours vu chaque dimanche un grand nombre de communions ; plusieurs jeunes gens s'approchaient encore de la Sainte Table pendant la semaine.

Tous les directeurs de la jeunesse, d'accord avec les théologiens et les auteurs spirituels ont regardé ce moyen comme un des plus efficaces pour l'apaisement des passions et l'affermissement de la vertu. La communion est le baromètre de la piété, pourvu qu'elle soit accompagnée des dispositions voulues par une saine théologie. Faire communier des enfants pour dire qu'ils ont communié, sans chercher à les faire communier avec fruit, ne dénoterait pas que le niveau de la piété fût bien élevé parmi ces enfants. « J'ai connu des maisons, dit le P. « Timon-David déjà cité, où de l'a« veu des directeurs les trois quarts « des jeunes gens vivaient dans de « mauvaises habitudes, et cependant « on les faisait communier toutes les « fois qu'ils se confessaient sans obte« nir presque jamais aucun change-

« ment apparent... C'est qu'on croit « à tort que l'absolution suffit à tout, « tandis qu'elle ne produit son effet « qu'à proportion de l'esprit de foi qui « anime le pénitent. » (Vol. I, p. 115).

Ne pas laisser aller à la sainte communion tous les enfants indistinctement sans préparation suffisante, c'est ce à quoi s'appliquait Mgr de Conny. Pour cela il disposait les âmes à une si grande action, la proposait comme récompense aux natures lâches et peu ferventes, la laissait désirer pour éprouver un premier moment de ferveur, l'ordonnait comme consolation aux timorés, comme remède à ceux qui voulaient énergiquement rompre avec leurs passions. Il la faisait apprécier de tous et lui faisait produire de grands fruits. « Ne te préoccupe pas de cette

« aridité que tu peux trouver dans tes
« communions, écrivait-il à un de ses
« jeunes gens, et que cela ne t'empê-
« che pas de t'approcher régulière-
« ment de la Sainte Table. Lis avec
« attention tes formules d'actions de
« grâces ou de prières, et spéciale-
« ment le IVe livre de l'Imitation ;
« et ne t'étonne ni te trouble, ni ne
« te décourage. Dans la vie surnatu-
« relle comme ailleurs, les désirs sont
« plus prompts que les progrès. Tu
« appartiens, sans aucun doute, plus
« fortement à Dieu qu'il y a un an ou
« deux, mais le sentiment de tes dé-
« fauts s'est développé, tu es plus
« frappé de tes misères et tu es plus
« sujet à t'inquiéter. Efforce-toi de
« t'attacher au bien simplement, dou-
« cement, sans impatience ».

Comme moyen de rendre les jeunes gens vertueux, parlons encore de la manière dont il les détachait de l'esprit du monde pour les former à l'esprit de J.-C. *Non spiritum mundi accepimus, sed spiritum qui ex Deo est.* (I. Cor. 11.12). Jamais on n'a vu chez lui ces amusements mondains qui, sous le couvert de récréations permises, donnent souvent aux enfants des goûts capables tôt ou tard de les détourner de leurs habitudes de piété.

4° La fuite du monde.

Qu'on nous permette, pour mieux faire comprendre notre pensée, de rentrer dans quelques détails.

Dans le monde, le démon a ses théâtres, ses concerts, ses cafés, ses musiques, ses fêtes de tous genres, autant de filets pour captiver les âmes, avec d'autant plus d'adresse que l'on s'en méfie ordinairement peu. Dans tous ces lieux règne l'esprit du monde, le même que l'esprit du démon quant au résultat; tous les deux arrivent au même but, la perte des âmes : le démon d'une manière plus directe, plus apparente; le monde par des amusements admis partout, par des voies détournées qui n'en sont que plus perfides. Or, vouloir éloigner les enfants de ces lieux dangereux en leur en donnant d'autres analogues non dangereux, les saturer de plaisirs pour leur enlever l'idée d'en chercher d'autres ailleurs, prétendre les guérir de l'esprit du monde par une sorte d'homéopathie spirituelle, voilà un moyen que Mgr de Conny a toujours rejeté et avec raison. La concurrence ne sera jamais possible; ou pour Dieu ou pour le monde. Si les enfants ne fuient les plaisirs du dehors que parce que nous leur en donnons d'autres équivalents, ils ne tarderont pas à abandonner les nôtres pour courir à ceux du monde. Ceux-ci, bien plus passionnés, bien plus attrayants à cause de notre mauvaise nature leur paraîtront de beaucoup préférables. Mgr de Conny éloignait des amusements dangereux par des motifs de foi et par les moyens surnaturels : la crainte de Dieu, l'amour de la vertu, la fréquentation des sacrements.

Il faut bien s'amuser ? oui, c'est nécessaire pour la jeunesse. « Allons, allons ! remuez-vous, disait sans cesse notre regretté père aux natures molles et paresseuses ! » On s'est toujours beaucoup amusé à la Maîtrise; et cependant en fait d'amusements extraordinaires, nous n'avons jamais vu qu'une petite pièce comique jouée par les grands le mardi gras de chaque année, et sans aucun détriment pour la piété. Plus les jeux sont recherchés et plus ils rendent les enfants difficiles ; plus ils sont simples, moins ils les rendent exigeants et plus ils durent.

Puis Mgr de Conny raisonnait encore autrement : un jeune homme élevé à la mode de ces amusements du monde ordinairement très coûteux, devient pour sa famille une cause de grandes dépenses. Ses enfants, pour la plupart, étaient peu fortunés et il voulait faire de leur pauvreté un sujet de gloire et d'édification. Il écrivait à ce sujet : « Je persiste dans mon système « d'éducation en cherchant à incul-

« quer à nos élèves l'estime qu'ils « doivent faire de la pauvreté ou de « l'exiguïté de condition de leurs pa- « rents, et en ménageant les ressour- « ces de ceux-ci par la simplicité et la « modestie que je prêche à leurs fils. « Tout cela a beaucoup de valeur à « mon sens. » Ce désir d'élever ses jeunes gens d'une manière si chré- tienne, de leur inspirer des goûts si simples a été, nous croyons, la source pour lui de beaucoup d'ennuis qu'il a eu à supporter. Envisageant toujours le bien de ses enfants, ferme sur sa méthode d'éducation, il s'insurgeait énergiquement contre les difficultés. Avec ces intentions si pures, son caractère inflexible et entier apparaissait peut-être trop à l'extérieur, c'est vrai ; mais Dieu, moins sévère que les hommes, ne regarde que l'intention et « la bonne intention, dit S. Augustin, est le plus grand des dons de Dieu. »

Combien il redoutait pour ses enfants le dangereux temps des vacances.

C'est pendant les vacances qu'il nous faut encore considérer sa vigilance à éloigner ses enfants des pièges du monde. Avoir deux mois, trois mois à passer chez soi en liberté entière lui avait toujours paru, pour ses jeunes gens comme pour les grands séminaristes, du plus grand danger pour leur vocation.

Regardons en effet les choses comme il les regardait, c'est-à-dire comme elles sont. Voici un jeune homme, de dix-sept, vingt ans, au moment où ses passions bouillonnent et où la vertu se soutient si difficilement. Habitué pendant l'année à vivre au milieu de bons camarades, encouragé par les exemples des plus fervents et par les conseils de son directeur, soutenu par la pratique régulière de ses exercices de piété, il se conserve grâce à tous ces moyens surnaturels et quelquefois non sans peine. Les vacances arrivent avec leur cortège de désœuvrement et de liberté sans fin. Espérer que ce jeune homme, sauvegardé pendant l'année par tous ces secours, se conservera de la même manière pendant les longues semaines de vacances, exposé, comme il sera, aux tentations du monde, à l'oisiveté et souvent à l'ennui le plus funeste, voilà ce que Mgr de Conny regardait comme impossible. Quelques natures résisteront, mais quantité de vocations s'affaibliront ou se perdront. C'est un fait avéré, trop connu de tous les directeurs soucieux des vocations ecclésiastiques. Ecoutons encore M. Timon-David, un maître en cette matière : « Les vacances de deux mois tuent « les vocations. Qu'on le demande à « tous les prédicateurs de retraites, « chargés de réparer chaque année les « désastres de ces temps maudits. Je « suis du nombre ; pendant plusieurs « années j'ai prêché ces sortes de re- « traites, je sais ce que je dis. On « objecte que les enfants ont besoin « de connaître le monde, d'éprouver « leur vertu avant de se consacrer à « Dieu. De grâce, qu'on ne répète plus « ces tristes propos. C'est avec de pa- « reils arguments que Satan fit tomber « nos premiers parents : vous saurez le « bien et le mal. (Gén. III. V.). Ap- « prenons le bien à nos enfants, ils « sauront toujours trop de mal. Un

« courageux soldat va bravement au « combat quand l'honneur et le devoir « l'appellent à défendre sa patrie ; « mais s'exposer aux balles pour savoir « quel effet cela produit, c'est une « folie, on n'en reviendra plus. » (Vol. II, p. 279).

Mgr de Conny envisageait aussi autre chose. La plupart des vocations de la Maîtrise, et en général des maisons cléricales, sont recrutées parmi les fils d'ouvriers et de familles pauvres, rarement parmi les familles riches. Dieu permet qu'il en soit ainsi actuellement. Veut-il par là humilier notre siècle orgueilleux et matérialiste, et prendre ce qu'il y a de moins considéré aux yeux des hommes pour en faire les ministres de sa Toute-Puissance ? ou bien, les familles riches n'étant plus attirées comme autrefois par les bénéfices de l'Eglise, ne donnent-elles plus à leurs enfants l'idée de la vocation ecclésiastique ? sont-ce ces deux choses ensemble ? Peu importe pour notre sujet, c'est un fait. Toujours est-il que Mgr de Conny voyait de très grands inconvénients au long séjour de ses jeunes gens au milieu de leurs familles peu fortunées, gagnant péniblement leur pain de chaque jour, logées souvent dans des conditions peu convenables pour un futur clerc. Ces inconvénients avaient à son sens une importance bien plus sérieuse si ce jeune homme avait pris la soutane, se trouvant quelquefois en face d'une grande gêne et de grands ennuis pour lui et pour les siens. Il était donc l'ennemi de ces nombreuses vacances à la mode, de ces fréquentes sorties qui sont un dérangement continuel pour les études sérieuses, et le tarissement de la solide piété.

Son but [illegible] s'entoura de ses enfan[illegible] pendant [illegible] vacances

Nous avons vu qu'il emmenait avec lui à St-Jean-de-Luz plusieurs de ses enfants pour le bien de leur santé. Disons ici que le bien des âmes était surtout son but. Il les avait auprès de lui pour les soustraire aux dangers des vacances, pour sauvegarder leur vertu, affermir et conserver leur vocation. Le bien des corps était souvent pour lui l'occasion de conduire un enfant aux bains de mer, mais le bien des âmes était son véritable but, son idéal.

En 1877, il fit agrandir sa villa et put recevoir davantage de grands séminaristes et d'élèves non seulement de la Maîtrise, mais souvent aussi d'autres maisons d'éducation. Il était alors vraiment dans son élément, entouré de ses enfants comme pendant l'année ; il pouvait mieux étudier leur caractère, soigner leur âme de plus près, les pousser à la vertu d'une manière plus parfaite et s'occuper davantage de leur vocation. Aussi, nulles vacances n'étaient mieux sanctifiées. Le matin, à l'heure du lever, Mgr de Conny allait lui-même réveiller ses enfants par le *Benedicamus Domino*. Chacun faisait sa prière dans sa chambre. On se rendait ensuite à la chapelle pour la méditation suivie souvent de la récitation de Prime ; puis avait lieu la célébration de la Sainte Messe. Le reste de la matinée était consacré aux études sérieuses de théologie pour les grands séminaristes, aux devoirs de vacances pour les élèves latinistes. La soirée, laissée aux promenades, bains, excursions dans les montagnes, était sanctifiée par le chapelet, la lecture spirituelle, la visite au S. Sacrement. Mgr de Conny voulait aussi que tous fussent assidus à réciter pendant les vacances le Petit Office de la Ste-Vierge. Entrant un matin dans la chambre d'un de ses enfants, il jette un coup d'œil sur ses livres de vacances : « Tu n'as aucun livre de spiritualité ? lui demanda-t-il d'un air mécontent et surpris. — J'ai oublié d'en apporter, fut obligé de répondre le jeune homme. — Fais-moi le plaisir de monter à la Bibliothèque et de t'en choisir un immédiatement pour ta lecture spirituelle de chaque jour ».

Il veillait à ce que tout se passât bien : récréations, promenades, parties du plaisir. Tout en procurant à sa petite communauté de si agréables vacances, il cherchait à ce qu'on n'oubliât pas ses habitudes de mortification. Il aimait voir un enfant renoncer de lui-même à quelque agrément, se refuser un plaisir, sacrifier une satisfaction permise, persuadé que s'il savait s'imposer des privations dans ces mille petits riens de la vie ordinaire, il serait capable un jour de donner beaucoup à Dieu. Ce sont des détails bien minimes ; pour l'œil de ce directeur expérimenté, ces détails avaient grande importance : ils prouvaient le renoncement à soi-même, un véritable esprit de mortification, source et base de la solide piété.

Il se donnait sans réserve à ceux qui l'entouraient, sans oublier cependant les absents et les membres éloignés de sa famille spirituelle. Chaque matin il recevait d'eux de nombreuses lettres. Un certain temps de la journée était consacré à dicter ou écrire pour répondre à tous, donner à chacun des conseils particuliers, recommander avec plus d'instance la fréquentation des sacrements, la fuite du monde, la fidélité aux exercices de piété. « Sois bien « exact à t'approcher des sacrements. « Je te recommande cela surtout pour « ce temps des vacances. Puis sois « régulier dans ton travail. » Il écrivait à un autre, à propos de son règlement : « L'ordre de ta journée et ce « que tu me mandes de tes exercices « me paraît bien entendu. Je suis très

« heureux de te voir lire avec goût les « Confessions de St Augustin, quoique « tu ne sois pas à même encore d'ap- « précier les continuelles allusions à la « Ste-Ecriture qui en font le charme « et le mérite. Il y a aussi, dans les « derniers livres, des discussions méta- « physiques que tu n'es guère en état « de saisir. Mais enfin tu peux lire et « relire ce que tu comprends et goûtes, « et notamment les commencements « qui sont si touchants lorsqu'il répand « avec tant d'amour son âme dans le « sein de Dieu qui l'a arraché à ses « misères. Peut-être pourrais-tu aussi « lire quelquechose des Élévations « sur les Mystères, de Bossuet. »

Il continuait de donner ses soins à ses enfants jusqu'à leur prêtrise.

Comme le bon jardinier, après avoir planté la divine semence dans l'âme de ses enfants, après y avoir fait germer les vertus chrétiennes, il continuait sans cesse de donner à ces âmes ses soins les plus assidus.

Et tout d'abord, quand ses jeunes gens quittaient la Maîtrise pour entrer au grand Séminaire, de quelle sollicitude ne les entourait-il pas ! avec quelle ardeur, à l'imitation de l'Apôtre (Eph. IV. 12) ne nous faisait-il pas ses recommandations, désirant nous voir non plus des enfants inconstants, *ut jam non simus parvuli fluctuantes,* mais des hommes parfaits, grandissant dans la plénitude des vertus de Notre-Seigneur, *donec occurramus in virum perfectum, in mensuram ætatis plenitudinis Christi !* Voici sa réponse aux souhaits de bonne année que lui avaient adressés ses enfants en 1886 :

« Aux élèves de la Maîtrise résidant « maintenant au Grand Séminaire.

« Mes chers enfants,

« A mon affection paternelle pour « vous, correspond votre affection « pour moi, et à vos vœux pour moi, « mes vœux pour vous. Que Dieu nous « bénisse tous !

« Appliquez-vous à faire bien sé- « rieusement et d'une façon constante « tout ce que vous avez à faire : la « réformation de votre cœur, de vos « habitudes, de vos manières, de vos « idées pour les modeler sur cet idéal « que N. S. J.-C. nous a offert et que

« la tradition des saints prêtres a con-
« sacré.

« Adieu, mes chers enfants, bien
« affectueusement à vous,

« Jean Adr. de Conny. »

Ayant employé des années à faire passer dans ses enfants son esprit de charité et de famille, il veillait continuellement à la conservation de cet esprit. Il voulait qu'on augmentât encore ces sentiments de fraternité chrétienne sans nuire cependant à la fraternité générale de la communauté. Voici de lui une autre lettre adressée aussi collectivement à tous ses enfants :

« Bénissons le Père céleste, mes « chers amis, de ce qu'il lui a plu, « dans une intention si miséricor- « dieuse, de nous constituer ainsi en « famille et regardons-nous obligés « par là à nous aimer et à nous res- « pecter les uns les autres, en nous « tenant fort unis par le cœur et nous « entr'aidant réciproquement. Je sais « que la plupart d'entre vous entrent « dans ces sentiments; je les en félicite « et les engage à y persévérer.

« Voici à ce propos une recom- « mandation. J'ai connu, au Séminaire, « des frères dans le sens strict du « mot, nés du même père et de la « même mère, et qui faisaient partie « de la communauté avec nous. Le « lien particulier qui les unissait « entr'eux subsistait en même temps

« que celui qui les unissait avec nous,
« sans que l'un nuisît à l'autre. Il doit
« en être de même pour vous : vous
« autres, Maîtrisiens, vous formez
« une famille et non pas une coterie,
« et cela ne doit nuire en rien à vos
« relations de communauté. . . . . .

« Je vous prie seulement de nouveau
« de rester bien unis dans les mêmes
« sentiments et de vous aimer tous
« réciproquement.

« Adieu, mes chers fils, je vous
« aime et vous bénis tous.

« Jean Adr. »

Grande était sa joie de voir chaque année ses enfants promus au sacerdoce venir dire leur première messe dans sa chapelle de la Maîtrise ; et ce n'est pas sans émotion que ceux-ci le voyaient tomber à genoux devant eux, et baiser avec le plus affectueux respect « leurs mains sanctifiées, disait-il, et devenues les instruments de la grâce. » Ces jours étaient une véritable fête de famille. La joie de notre vénéré père était à son comble lorsqu'il apercevait tous ses enfants de la Maîtrise assister à la première messe d'un frère aîné, l'entourer auprès de l'Autel, et, sous la direction de leur éminent maître de chapelle, faire entendre leurs morceaux les plus pieux. C'est après une de ces touchantes cérémonies que, le cœur débordant de joie, rencontrant à la sacristie un des jeunes gens qui allaient entrer au grand séminaire, il l'étreignit dans ses bras en lui disant, les larmes aux yeux : « à toi dans cinq ans, mon cher enfant ! » Il suppliait ensuite les parents du nouveau prêtre de « lui faire l'honneur de les recevoir à sa table. » Ceux-ci n'osaient refuser, souvent à leur grande confusion, tout gênés de se voir en compagnie de ce vénérable Prélat.

Quand ses enfants étaient dans le ministère, il se donnait encore à eux avec le plus affectueux dévouement.

Une fois dans le ministère, ses enfants ne cessaient de le regarder comme leur père ; lui, les ayant enfantés à J.-C., les aimait toujours comme siens et continuait à les entourer du dévouement le plus paternel, de l'affection la plus sincère. Il disait à l'un d'eux : « Après les joies que j'ai eues « à prendre soin de toi pendant ton « enfance et ton adolescence ; après

« les joies que j'éprouvais, pendant
« ton séminaire, à considérer tes pro-
« grès dans le bien, voici les joies que
« va me donner le spectacle de tes
« travaux dans le ministère. Vraiment
« cette mission de directeur de Maî-
« trise apporte de bien douces conso-
« lations. » Il écrivait à un autre :
« Ce m'est une véritable joie, mon
« cher ami, de penser à toi et de te
« voir l'homme de Dieu, consacrant ta
« vie à ton ministère, devenu une
« manifestation de N. S. J.-C. et de
« son action au milieu des hommes.
« Exhorte, encourage, console, ins-
« truis, pardonne au nom, de la part
« et par l'autorité de Notre Sauveur,
« et tous les matins au Saint-Autel
« identifie-toi avec lui. »

Sachant combien la formation de

ces âmes lui avait coûté de labeur, il veillait à ce qu'elles se conservassent bonnes, mortifiées, fidèles à leurs habitudes de piété. « Que ta vie, disait-« il encore, soit bien ordonnée ; aie un « règlement auquel tu te tiendras « fidèlement, surtout pour ton lever et « tes exercices du matin. Prends l'exer-« cice corporel et la récréation conve-« nables, puis tiens-toi dans ta cham-« bre occupé à de bonnes lectures. « Recherche la fréquentation des bons « prêtres. — J'ai regretté, écrivait-il « à un autre, de n'avoir pu te voir dans « ta chambre avec tes cahiers et tes « livres. Je pense que je n'y aurais « pas rencontré, comme jadis chez un « tel où j'étais entré par hasard, quan-« tité de romans et de poésies frivo-« les, et à peine un livre sérieux. Je

« suis en effet bien certain que tu as
« tes devoirs sacerdotaux à cœur et
« que tes visites ne te seront pas
« seulement suggérées par le désœu-
« vrement.

« J'aime que tu te délasses par quel-
« que passe-temps digne, qui aiguise
« et satisfasse l'esprit et lui conserve
« sa distinction ; mais je n'ai pas be-
« soin de te recommander d'éviter
« toutes les vulgarités. »

Ecoutons avec quelle sagesse il traçait à un autre prêtre la manière de bien réussir dans ses catéchismes. « Il
« est certain que le catéchisme devient
« difficile tout à l'heure dans les villes
« surtout, et par le défaut de la doci-
« lité des enfants. Il faut un mé-
« lange de fermeté sans rudesse et en
« même temps de bonté sans familia-

« rité : ce qu'on ne peut acquérir
« que par l'expérience et à la longue.
« Puis là comme partout il faut recou-
« rir à Dieu, et se recommander aux
« anges gardiens de ces pauvres en-
« fants. Enfin il est important, toutes
« les fois qu'on va faire le catéchisme,
« de s'être rendu compte à l'avance
« de ce qu'on aura à y dire, et c'est
« pourquoi il est toujours nécessaire
« de s'y être préparé. Voilà ce à quoi
« je ne saurais trop t'engager. »

Rien n'était oublié : la santé des corps, si indispensable pour faire le bien, était aussi l'objet de ses attentions paternelles. Voici, entr'autres, des conseils qu'il donnait : « Ménage
« ta santé. Même dans la pratique du
« zèle il faut de la discrétion. Evite
« avec soin les occasions de t'enrhu-

« mer, comme sont le froid et l'humi-
« dité aux pieds ; et si tu te trouves
« pris par le rhume, recours tout de
« suite à quelque précaution, comme
« une boisson chaude en te couchant
« et ensuite quelque révulsif appliqué
« sur la poitrine. »

Comme conclusion de ce chapitre, disons que notre regretté père et directeur nous a bien réellement tracé ce que nous devions être. Il n'est plus au milieu de nous, mais il n'est pas mort pour nous, il nous a légué un précieux héritage : ses enseignements et son esprit. Grâce à ses enseignements qui laisseront dans nos âmes des germes féconds de vie, grâce à son esprit qui sera toujours le nôtre, sa vie nous servira de lumière et de guide, sa parole restera vivante au milieu de nous, sa mémoire lui survivra de longues années, par ses souvenirs et ses exemples il continuera de nous parler longtemps encore, selon les paroles de l'Esprit-Saint : *Defunctus adhuc loquitur*. (Hebr. II. 4).

CHAPITRE IV

SON HUMILITÉ

Exemplum dedi vobis
(Jean XIII. 15).

Remarque sur ce chapitre.

Rappelons ici ce que nous avons déjà dit : nous envisageons Mgr de Conny tel qu'il a été pour nous, tel qu'il a vécu à la Maîtrise au milieu de ses enfants. Nous nous adressons donc surtout à ceux qui l'ont connu tout particulièrement.

Cette remarque est importante pour ce dernier chapitre où nous allons parler d'actes d'humilité accomplis par lui et à peu près ignorés. Qui n'a connu cet homme de Dieu que par ses relations extérieures dans le monde ne l'a pas connu. *Omnis gloria ejus ab intus* (Ps. XLIV. 14). La véritable humilité se cache toujours. Ceux qui ont eu le plus de rapports avec lui sont aussi ceux qui l'ont le plus estimé. Avec sa haute stature, son regard ferme, sa parole impérieuse, il paraissait extérieurement d'une certaine raideur. Que de bonté, que de cœur sous cette écorce trompeuse ! « Jusqu'à ces dernières années, nous disait quelqu'un, j'avais eu pour ce vénérable prêtre de l'antipathie ; j'avais bien tort, de ma vie il ne m'avait adressé la parole. J'eus un jour à faire avec lui : au lieu de le trouver dur et intraitable comme je me le figurais, quel ne fut pas mon étonnement de le voir d'une affabilité si bienveillante que jamais je ne l'oublierai ! »

Son esprit d'humilité

Plus on le connaissait et plus on l'appréciait. Ceci est vrai pour sa bonté ordinaire, et pour son humilité surtout. De son vivant, on a pu connaître, contre son gré, quelques-unes des humiliations qu'il a accomplies. Regardées en elles-mêmes, ces humiliations si répugnantes à la nature pourraient être plus ou moins bien jugées, paraître plus ou moins bizarres. Mais il faut regarder ce qui est tout dans ces actes, c'est-à-dire l'esprit d'humilité avec lequel il les a faits, et qui produisait de si salutaires impressions sur les natures les plus rebelles. Pour qui a été témoin de ce profond esprit d'humilité, il sera facile de comprendre pourquoi nous plaçons ce chapitre comme complément de sa direction et pourquoi nous lui donnons une grande importance.

Nous avons parlé des moyens surnaturels qu'il employait pour former la jeunesse à la vertu : la confession fréquente, la communion, la méditation, la fuite du monde. Ces moyens sont-ils suffisants ? non. Ce sont des moyens pour conduire à la vertu, entretenir la piété ; mais la base solide de l'âme vertueuse, sans laquelle le reste croulerait bien vite, sans laquelle les autres moyens demeureraient impuissants, cette base sur laquelle, d'après tous les saints et les directeurs éclairés, doit s'élever l'édifice de toute perfection, c'est l'humilité. L'orgueil est le principe de tout mal, l'humilité doit être la source de toute sainteté. L'âme humble arrivera toujours à la perfection que Dieu demande d'elle : *Qui se humiliat exaltabitur*. « Sois donc bien humble. » C'était la recommandation journalière de Mgr de Conny.

Le bien qu'il fit par son humilité

Or, pour inspirer à ses enfants ces sentiments d'humilité, principe de toute sanctification ; pour ancrer dans leurs âmes les autres vertus chrétiennes : l'obéissance surnaturelle qui est le nerf de toute discipline, la pureté et le sacrifice qui sont le couronnement de la véritable piété ; pour prendre sur les caractères les plus difficiles cet ascendant irrésistible qu'il avait, nous disons que son principal moyen était son humilité.

Oui, le grand moteur des vertus qu'il inspirait, le levier le plus puissant par lequel il portait les âmes au bien et opérait en elles de si grands fruits, il faut le chercher dans ces actes de profonde humilité journellement accomplis, dans ces humiliations volontaires, dans ces abaissements prodigieux qui sont comme le côté héroïque de sa vie, dans ces pénitences et macérations corporelles supportées pour gagner les âmes les plus insensibles et fléchir à leur égard le cœur de Notre-Seigneur.

Développons ceci. Il peut y avoir deux méthodes pour s'adresser à l'intelligence, à la volonté; deux manières de faire comprendre une vérité, une vertu : l'une que nous appellerons *enseignante*, l'autre *parlante*.

Je veux apprendre à un enfant ignorant le Mystère de la Très-Sainte Trinité : en suivant la première méthode, je lui expliquerai de mon mieux l'unité de nature, la pluralité de personnes, les relations entre chaque personne. Pour qu'il retienne mes explications, il me faudra les lui faire répéter une fois, deux fois, plusieurs fois, pendant plusieurs jours peut-être. Si, au contraire, je me sers de la seconde méthode, je vais raconter à cet enfant le baptême de N. S., lui montrer le Fils descendant dans les eaux du Jourdain, le Père faisant entendre sa voix dans la nuée, le Saint-Esprit apparaissant au-dessus du Fils sous la forme d'une colombe ; ou bien je lui montre représentées sur une gravure, les trois personnes divines avec le symbole de leurs attributions. En quelques minutes et pour toujours cet enfant a saisi et retenu le Mystère.

Pour en revenir à notre sujet, voici un caractère orgueilleux, plein de lui-même, n'admettant aucune observation, se plaisant à humilier les autres. Que fera un directeur ? il lui prêchera l'humilité, la soumission, l'amour de ses frères, la douceur chrétienne ; lui donnera comme remède la confession fréquente, des actes d'humilité à accomplir. Avec le temps, avec la prière, condition nécessaire de tout succès, ce caractère orgueilleux pourra se réformer, devenir meilleur. C'est la méthode enseignante.

Mais en face d'un caractère aussi difficile, si long à guérir, si peu impressionnable par les plus sages conseils, Mgr de Conny voulait remuer cette âme, pénétrer au fond de ce cœur, le toucher, le forcer pour ainsi dire en voyant un autre s'humilier, à s'humilier et à s'abaisser aussi, *inspice et fac secundum exemplar*. (Exod. XXV. 40). C'est la méthode parlante. Les personnes d'un certain âge agissent par réflexion et raison, mais la jeunesse ne fait-elle pas bien ou mal selon qu'elle voit faire l'un ou l'autre ? L'exemple n'est-il pas le guide le plus ordinaire de l'enfance ?

Un jeune homme (mort depuis plusieurs années), d'un grand cœur, mais vif, orgueilleux et violent dans sa colère ne pouvait s'empêcher de maltraiter ses camarades. Mgr de Conny, par des remontrances réitérées, par ses conseils les plus sages, essaya longtemps de calmer ce caractère emporté. Tout fut à peu près inutile. Un jour il le fait appeler dans son cabinet avec un enfant qu'il venait de frapper assez durement. Il se met à genoux, demande pardon au plus jeune des mauvais traitements que lui a infligés son aîné. Puis il prend les mains du coupable qu'il baise affectueusement, le supplie au nom de la charité de J.-C., au nom de son affection paternelle pour ses enfants, d'être bon et bienveillant envers tous ses frères de la Maîtrise.

Ceci fut dit d'un ton si pénétré que le jeune homme, les larmes aux yeux, ne put s'empêcher de tomber aussi à genoux et de demander pardon à Mgr et à l'enfant.

Depuis lors il eut avec ses camarades des rapports tout différents. Non seulement il se retenait dans ses moments d'emportement pour ne jamais frapper, mais il devint le défenseur et le bon ange des plus jeunes.

Un acte d'humilité avait produit sur cette nature plus que n'auraient fait les avis répétés, les soins assidus du plus zélé directeur.

Dans la vie de tous les serviteurs de Dieu nous trouvons des actes d'humilité semblables. Prenons le modèle des Pères de Jeunesse de notre siècle, le vénérable M. Allemand. Nous lisons dans sa vie « qu'il faisait des merveil-
« les dans ses entretiens avec ses jeu-
« nes gens, et quand il avait tout
« épuisé, il se jetait quelquefois à ge-
« noux, baisait les pieds de ceux qu'il
« n'avait pu toucher, et ravissait au
« démon ces cœurs enfin brisés à la

« vue de tant d'humilité. » (Timon-David. Vol. 1, p. 127).

Son bonheur de s'humilier

Les véritables imitateurs de l'esprit de N. S. n'ont-ils pas regardé la pratique des humiliations comme une de leurs plus chères vertus ? Nous nous rappellerons toujours avec quelle joie Mgr de Conny se livrait à ces abaissements, avec quelle humilité il recherchait les actions les plus basses et les plus viles comme si elles lui étaient dues ! Plus la nature y trouvait de répugnance, et plus il semblait s'y complaire. Laver les pieds à ses enfants, les leur baiser, servir à table les pensionnaires le jeudi de chaque semaine, les soigner dans leurs maladies avec la tendresse et la sollicitude d'une mère, accomplir les fonctions des plus humbles serviteurs : voilà ce qu'il faisait sans cesse, et avec un véritable bonheur.

Que d'autres choses bien plus admirables, bien plus étonnantes ne seront jamais connues ici-bas, tant il a pris de précautions pour qu'il n'en soit rien dévoilé !

Jusqu'où l'a poussé son humilité

En voyant avec quel respect pour les enfants, avec quels profonds sentiments d'humilité il accomplissait tout cela ; en regardant ces mortifications si dures, ces pénitences corporelles, ces sacrifices continuels qui ont fait de sa vie comme une reproduction vivante des humiliations et des pénitences de N. S. J.-C. ; en considérant dans ces souffrances et ces anéantissements son intention de se mater pour le bien de ses enfants, nous trouvons en lui ce qu'il y a de plus sublime dans notre sainte Religion : l'expiation.

Le résumé de toute la création, le fait capital de tous les siècles que l'Église appelle simplement *action, infra actionem* (Can. Miss.), l'action par excellence, l'action vers laquelle tout doit converger, c'est le mystère de la Rédemption. Plus nos actions seront faites en union avec cette grande action, plus elles participeront à sa valeur. Or la Rédemption se résume toute entière dans l'expiation : le supérieur qui se sacrifie pour l'inférieur, le créancier qui paie pour le débiteur, un Dieu qui se fait un homme, le Roi du Ciel qui naît comme un pauvre, se laisse frapper, insulter, fouler aux pieds ! qui permet qu'on lui crache au visage, qu'on le traite comme un esclave, qu'on le crucifie ! N'est-ce pas un scandale, une folie, disent les Juifs ? et cependant n'est-ce pas la vérité ? vérité blessante pour les Pharisiens aux idées mesquines et terrestres, vérité consolante pour les vrais disciples de Jésus, car ses souffrances et ses humiliations ont été le principe de sa gloire, la cause de tous ses succès.

Le prêtre que nous étudions s'était modelé sur ce prototype du divin médiateur. Il voulait être médiateur aussi pour ses subordonnés et selon la mesure de son grand cœur. *Quemadmodum feci, ita et vos*. (Jean. XIII. 15). Il voulait aimer les âmes comme Notre-Seigneur les a aimées, c'est-à-dire comme un père, comme un expiateur, prendre sur lui les fautes des siens, leur donner non seulement ses conseils, ses prières, son temps, sa fortune, mais, quand cela ne suffisait pas pour acquérir une vertu et remporter une victoire sur le démon, s'imposer pour eux des mortifications, des pénitences, des jeûnes et des disciplines. *Hoc genus dœmoniorum non ejicitur nisi per orationem et jejunium.* (Matt. XVII. 20).

Puis, malgré sa grande humilité, il pouvait être exposé aux tentations : c'est le sort de tous les fils d'Adam. Le démon aurait été si fier, par quelques pensées d'orgueil ou d'amour-propre, de pénétrer dans ce cœur vaillant, citadelle puissante où tant d'âmes venaient chercher force et refuge ! N'admirons-nous pas le P. Lacordaire, quand, au sortir de ses célèbres conférences à N.-D. de Paris, où tout l'auditoire avait été soulevé par la sublimité de son éloquence, il rentrait dans sa cellule et se faisait fouler aux pieds par un enfant pour s'humilier et empêcher l'amour-propre de se glisser dans son cœur ?

Que Mgr de Conny ait employé de semblables moyens pour étouffer les mouvements d'orgueil occasionnés par les éloges sans nombre dont il était l'objet, par la perspective du bien incalculable qu'il faisait à la jeunesse et au clergé ; que, pour mieux se conserver dans les sentiments les plus humbles, il se soit fait traiter comme « le dernier des hommes » à l'exemple du divin Maître ; qu'il se soit plu à reproduire en lui les souffrances et macérations corporelles de l'Homme-Dieu et se soit fait frapper jusqu'au sang, *si in viridi ligno hoec faciunt, in arido quid fiet.* (Luc. XXIII. 31.); qu'il ait maté son esprit et sa volonté en s'imposant des pénitences pour tous les manquements à son règlement de vie; que ce vénérable Prélat, en un mot, avec la situation élevée où le mettaient son nom et sa fortune, se soit fait cependant si humble, si petit avec les enfants, si mortifié et si pénitent, voilà qui aurait scandalisé les Juifs, mais qui soulève l'admiration de toute âme noble et grande! voilà qui suffisait à retenir dans l'humilité et la soumission les caractères les plus difficiles, les esprits les plus orgueilleux!

Sa sagesse dans la manifestation de ses humiliations.

Sans doute, pour se livrer à ces humiliations, il faut de la prudence. Certaines natures trop impressionnables ou naturellement très droites ne seraient pas capables de tout supporter ou de tout apprécier. A chacun selon ses dispositions et sa capacité. *Alius quidem sic, alius vero sic.* (1. Cor. VII. 7).

Mgr de Conny sut admirablement proportionner aux circonstances et au tempérament de ses jeunes gens la manifestation plus ou moins complète de ces actes d'humilité : la preuve c'est qu'il a produit par là le plus grand bien.

Cet art merveilleux de donner à un jeune homme ce qu'il est capable de porter, de lui demander seulement ce que Dieu demande de lui, de savoir pousser les âmes à différents degrés de perfection selon la diversité des grâces surnaturelles, est ce qu'il y a de plus difficile dans la direction des consciences, c'est un don sublime de Dieu.

Notre regretté père excellait en cela. Il poussait tous ses enfants à l'humilité, mais il en diversifiait la pratique selon les caractères et le degré de vertu.

Et d'ailleurs cette différence d'aptitudes et de qualités particulières s'observe en toutes choses.

La Philosophie prouve qu'il n'y a pas deux êtres semblables, au moral comme au physique. Chaque homme a sa manière de voir, de se conduire, d'apprécier, et de faire le bien. Tel ne pourra retenir ses larmes à la vue d'une humiliation profonde, un autre n'y verra qu'un procédé bizarre. Les uns regarderont ces abaissements prodigieux de Mgr de Conny comme admirables, d'autres les qualifieront d'exagération ; qu'y faire ? Encore une fois les caractères ne se ressemblent nullement. Les stituts comme les hommes ont chacun eur manière d'agir, de penser qui s'appelle leur *esprit*. *Unusquisque proprium donum habet ex Deo*. (1. Cor. VII. 7.). De là cette diversité de moyens et d'esprits dans les ordres religieux comme dans les individus. Vouloir que tous les hommes agissent de la même manière, ce ne serait ni possible ni conforme à la loi de la création. *Multiformis gratia Dei*. (Eph.). Cette variété dans le monde des esprits comme dans celui des corps est une preuve remarquable de la toute-puissante fécondité du Créateur : la sagesse consiste non à la méconnaître, mais à l'admirer.

Sa vie de sacrifice, résultat de son humilité.

Cependant ces abaissements si rands de Mgr de Conny ne peuvent oint être regardés comme l'ordinaire une vie. Ils sont chez lui la manifestation des profonds sentiments de pénitence qui l'ont toujours animé, ils sont la conséquence de cet esprit de sacrifice qu'il possédait à un si haut degré et qui est la pierre de touche de la véritable humilité.

Que de peines en effet, que d'abnégations, que de mortifications ne s'est pas imposées ce Directeur de la Jeunesse pour faire du bien à ses enfants! Que de patience lui a-t-il fallu pour vaincre ce caractère difficile, pour redresser cet esprit dévié, former ce cœur à la pureté, assouplir cet orgueilleux; pour donner de l'énergie aux natures molles, du calme aux récalcitrants ! Sa vie, comme celle de tous les pères de jeunesse, fut un martyre continuel.

Tous les jours il fallait être à l'ouvrage pour recevoir ses jeunes gens, leur donner des conseils, diriger leurs âmes. Puis c'était un enfant faible dans ses études auquel il s'astreignait à donner des leçons particulières; c'était une classe d'histoire à faire, son catéchisme de chaque dimanche, ses nombreuses confessions de la semaine à entendre, la lecture spirituelle de chaque soir. Directeur, répétiteur, professeur, catéchiste et en tout père se sacrifiant pour les siens : voilà sa vie de chaque jour pendant les trente années passées à la Maîtrise.

Il pensait à tout, aux corps comme aux âmes, aux récréations comme aux travaux de l'étude. Un jour il aperçoit dans la cour un groupe dont la partie de *Saute-Mouton* semblait être dérangée. Un disputeur, paraît-il, devait être le mouton et ne voulait pas.

« Eh bien ! dit Mgr de Conny, je le suis à sa place ! » Et voilà ce beau vieillard qui se courbe et tous de sauter à qui mieux mieux. Une autre fois, à St-Jean-de-Luz, on avait demandé à un de ses séminaristes de faire sous-diacre à la messe paroissiale. Le jeune clerc n'avait jamais rempli cette fonction et c'était seulement quelques minutes avant la cérémonie. Mgr de Conny voit son embarras, le prie de monter dans son salon, fait de son bureau un autel, remplit le rôle d'officiant, et lui apprend avec le plus grand respect à remplir tout le cérémonial du sous-diacre.

Son humilité intérieure. Malgré son abnégation, son admirable dévouement à la jeunesse, écoutons ce qu'il pensait de lui-même : « C'est chose excellente que de com-

« parer le peu que nous faisons avec « ce que d'autres meilleurs ouvriers « ont fait et font tous les jours. Les « orgueilleux ou les imbéciles (c'est « à peu près la même chose) sont tou- « jours dans l'admiration d'eux-mêmes, « ou cherchent à poser devant les autres « et à se faire valoir. Ce à quoi me « servent mes 75 ans, c'est à m'éloi- « gner de plus en plus de cette sottise. »

Il attribuait à Dieu tout le bien qu'il faisait : « Je pense souvent à toi, « écrivait-il dans une autre lettre ; je « remercie Dieu du bien qu'il a fait à « ton âme et le prie de l'achever. »

Comprendre notre faiblesse et notre impuissance radicale à faire le bien si Dieu n'était pas avec nous, *gratia Dei sum id quod sum* (I. Cor. XV. 10), c'est la véritable humilité. Il était arrivé à la posséder à un haut degré et, désirant la faire passer dans toutes les âmes, il la prêchait sans relâche. Que de fois n'a-t-il pas recommandé l'humilité ! Que de fois n'a-t-il pas dit ou écrit : « Sois fidèle dans tes devoirs, « humble dans tes rapports avec les « autres, heureux de leur céder en « tout ce que tu peux, ne t'estimant « digne que de la dernière place en « vue des péchés que tu as pu com- « mettre. »

Il mettait bien vite à l'épreuve la fausse humilité. Le fruit de l'humilité c'est l'empire sur soi-même, c'est la mortification. Ne croyant point à la vertu d'une âme qui ne sait pas s'imposer des sacrifices, il recommandait en tout et partout de faire ce qui ne plaît pas, de mortifier sa volonté, ses sens, ses goûts. « Je suis bien aise, « écrivait-il à un enfant, de te voir « prendre la bonne habitude de man- « ger sans façon ce qu'on vous sert, « paraissant satisfait quand même cela « te déplaît. »

Pour lui, ce qu'il prêchait il l'accomplissait. *Quod docuit opere complevit.* (Prec. Eccl.). Nous ne nous souvenons pas de l'avoir entendu se plaindre une seule fois à sa table. Voici un trait entre mille, bien familier sans doute, mais il nous montrera les mortifications continuelles que pratiquait cet estimable prêtre. Ses commensaux exposaient leurs préférences et habitudes en fait de nourriture : l'un était l'ennemi du sel, l'autre en ajoutait toujours un peu à ses aliments. Comme ils paraissaient du regard consulter Mgr de

Conny : « Mes amis, leur dit-il, quant à moi, je mange les choses comme on me les donne. Si elles sont bien assaisonnées, tant mieux, si elles ne le sont pas bien, tant pis. »

nclusion

Terminons. Faire un chrétien, engendrer une âme à Jésus-Christ, travailler au salut d'un autre, c'est s'associer à la paternité de Dieu, c'est compléter et parfaire la Rédemption du Sauveur. *Adimpleo ea quæ desunt passionum Christi*. (Col. I. 24). Mais faire un prêtre est une gloire bien autrement grande : c'est donner à Dieu celui-là même qui sauvera les autres et complètera la Rédemption par le rachat des âmes, par l'application du sang de Notre-Seigneur.

Selon la Sainte-Ecriture, les doctes de l'Eglise, c'est-à-dire les prêtres enseignant la vérité et la science sacrée doivent avoir une récompense toute particulière pour avoir instruit et préparé les âmes à recevoir la grâce, *Docti qui ad justitiam erudiunt multos fulgebunt quasi stellæ in perpetuas æternitates,* (Dan. 12. 4); que sera-ce de la récompense réservée à ceux qui auront élevé ces prêtres eux-mêmes, qui les auront enseignés, conduits et donnés à l'Eglise ?

La vie d'un homme se serait-elle dépensée et usée à faire un seul bon prêtre, cette vie serait largement remplie et bien suffisamment récompensée. Or quelle couronne de gloire doit être auprès de Dieu celle de notre regretté Père et Monseigneur ! Plus de cinquante prêtres ont été formés par lui, sans parler des grands séminaristes, des anciens maîtrisiens restés dans le monde et des nombreux enfants de la Maîtrise qui sont encore les siens ! « Par ses fruits apprenons à connaître l'arbre. » (Matt. VII. 20).

Que Dieu daigne multiplier le nombre de ces prêtres au cœur d'or qui laissent derrière eux une si riche moisson, qui aient reçu la belle vocation de père et directeur de la Jeunesse et qui aient si bien réalisé ces paroles du Maître, les seules régénératrices de la société actuelle : « Laissez venir à moi les enfants », *sinite pueros venire ad me*. (Luc. XVIII. 16).

FIN.

TABLE

AVANT-PROPOS.

CHAPITRE Ier. — *Mgr de Conny fut un Père de la jeunesse* . . . . Page 1

Le bon esprit de famille qu'il établit à la Maîtrise. — Il fut un père pour ses enfants. — Comment il voulait que les membres de sa famille s'aimassent les uns les autres. — Il s'intéressait à ses enfants partout et toujours.

CHAPITRE II. — *Son inépuisable charité.* Page 17

Il a donné et il s'est donné. — Ses charités envers ses enfants. — Son bonheur de donner. — Comment il fut amené à pouvoir se donner à ses enfants même pendant les vacances.— Son austérité pour lui-même. — Il a mérité le titre de Père des pauvres.

CHAPITRE III. — *Ses qualités de directeur d'âmes* . . . . Page 33

Importance de sa direction. — Les fruits de sa direction. — Sa méthode pour diriger les jeunes gens. — Moyens qu'il employait pour les bien diriger : 1° la confession et la direction. — Grand bien qu'il fit par ce moyen. — Son profond jugement et sa sagesse dans la conduite des âmes ; — 2° La lecture méditée ; — 3°. La Sainte Communion ; — 4° La fuite du monde. — Combien il redoutait pour ses enfants le dangereux temps des vacances. — Son but en s'entourant de ses enfants pendant les vacances. — Il continuait de donner ses soins à ses enfants jusqu'à leur prêtrise. — Quand ses enfants étaient dans le ministère, il se donnait encore à eux avec le plus affectueux dévouement.

CHAPITRE IV. — *Son humilité* . Page 97

Remarque sur ce chapitre. — Son esprit d'humilité. — Le bien qu'il fit par son humilité. — Son bonheur de s'humilier. — Jusqu'où l'a poussé son esprit d'humilité. — Sa sagesse dans la manifestation de ses humiliations. — Sa vie de sacrifice, résultat de son humilité. — Son humilité intérieure. — Conclusion.

FIN DE LA TABLE.

Montluçon. — Imprimerie A. HERBIN.

Defunctus adhuc loquitur

Hebr. 11

www.ingramcontent.com/pod-product-compliance
Ingram Content Group UK Ltd.
Pitfield, Milton Keynes, MK11 3LW, UK
UKHW020913180726
13838UKWH00002B/525